Alexandra Klein

Kräutermadame

KOMBUCHA SELBST GEMACHT

Sprudelnde Getränke und gesunde Rezepte mit dem Wunderpilz

Servus

Inhalt

VORWORT

Meine große Leidenschaft gilt der Fermentation, und ich glaube, ich darf mich mittlerweile als »Fermentista« bezeichnen. Ich bin Köchin und diplomierte Kräuterpädagogin und beschäftige mich seit einigen Jahren intensiv mit probiotischen Getränken, gebe Kurse und halte Vorträge darüber. Mit über 13 Jahren Erfahrung in der Spitzengastronomie konnte ich meine Leidenschaft zum Beruf machen. Als Wildkräuterbeauftragte sammle ich Kräuter, die ich dann in der Küche weiterverarbeite – sei es durch Fermentieren, Einlegen, Trocknen oder andere Methoden.

Als Köchin im Restaurant Ikarus im Hangar-7 habe ich das Privileg, die verschiedensten Rezepte von Gastköchen aus aller Welt kennenzulernen. Ganz besonders hat mich dabei ein Dessert mit Kombucha beeindruckt. Bis zu diesem Zeitpunkt hatte ich Kombucha nur als Getränk gekannt, aber dieses Gericht eröffnete mir eine neue Welt, und meine Neugier auf die vielfältige Verwendung von Kombucha war geweckt.

Meine erste Begegnung mit Kombucha fand im alten Holzhaus meiner Tante statt. Dort standen allerlei Gläser mit undefinierbaren Flüssigkeiten, die auf den ersten Blick etwas gruselig aussahen. Damals konnte ich mit diesem nach Alkohol riechenden, bitteren Gärgetränk nicht viel anfangen. Der Geschmack war alles andere als lecker und ich hätte nie gedacht, dass mich Kombucha einmal so faszinieren würde.

Heute kann ich mir ein Leben ohne meine sprudelnden Freunde gar nicht mehr vorstellen. In meiner Vorratskammer tummeln sich Litergläser mit unzähligen Fermentationskulturen, die vor sich hin gären, blubbern und arbeiten. Die aktuellen Kreationen haben mit dem braunen Gemisch von damals allerdings wenig gemeinsam. Meine Kombucha-Scobys, eine Art Teepilz, sehen frisch und gesund aus und die Getränke, die daraus entstehen, sind wahre Geschmacksexplosionen.

Meinen ersten Scoby habe ich Elfi getauft. Seitdem bekommen alle Nachkommen von Elfi Namen mit E wie Elli, Elfriede, Emilia usw.

Erst später entdeckte ich, dass Kombucha nicht nur gut schmeckt, sondern auch sehr gesund ist. Mit dem Konsum von Kombucha und anderen fermentierten Lebensmitteln unterstützen wir unseren Körper und unsere Gesundheit. Die darin enthaltenen Mikroorganismen und B-Vitamine sind essenziell für eine ausgewogene und gesunde Ernährung. Innerlich angewendet regt Kombucha unsere Darmtätigkeit an und sorgt auf die Haut aufgetragen für einen ausgeglichenen pH-Wert, fördert also unsere Darmgesundheit und damit unser gesamtes Wohlbefinden.

Für diejenigen, die Wert auf nachhaltige Getränke und Lebensmittel legen, ist Kombucha darüber hinaus eine hervorragende Alternative zu herkömmlichen Limonaden und gesüßten Getränken. Es werden nur wenige Zutaten benötigt und die Fermentationskultur bleibt stets dieselbe. Das Einzige, was man braucht, ist ein wenig Zeit und Geduld.

Ich wünsche euch viel Spaß in der Welt der Mikroben und Bakterien, Vitamine und Enzyme, beim Erfahren der Geheimnisse, der Höhen und Tiefen des Braualltags, beim Lernen über Zersetzung und Vermehrung sowie beim Erleben von manchem Hoppala wie Fontänen oder Kahmhefe.

In diesem Sinne: Lasst die Mikroben toben!

Eure Alexandra Klein

GUT ZU WISSEN

WORAUS BESTEHT
KOMBUCHA, WIESO
IST ER SO GESUND
UND WAS PASSIERT
BEIM FERMENTIEREN?

WAS IST KOMBUCHA?

Kombucha ist ein faszinierendes fermentiertes Gärgetränk, das durch die Kombination von gesüßtem Tee mit einem sogenannten »Scoby« sowie dessen Ansatzflüssigkeit entsteht. Die Abkürzung Scoby steht dabei für »Symbiotic Cultures of Bacteria and Yeast«. Obwohl oft vereinfacht vom »Kombucha-Pilz« die Rede ist, handelt es sich eigentlich um eine komplexe Symbiose von Bakterien und Hefepilzen.

Die Herstellung von Kombucha beginnt mit der Zugabe von Tee und Zucker zu einer speziellen Mischung aus Bakterien und Hefen – dem Scoby. Dieser Organismus verwandelt den gesüßten Tee im Verlauf der Fermentation in ein erfrischendes und probiotisch reichhaltiges Getränk. Die Symbiose zwischen den Bakterien und Hefen verleiht dem Kombucha nicht nur seinen einzigartigen Geschmack, sondern auch seine gesundheitsfördernden Eigenschaften.

In der Welt der Fermentation und der probiotischen Getränke nimmt Kombucha einen besonderen Platz ein. Die Vielfalt der Aromen und Varianten, die durch unterschiedliche Teesorten und Geschmackszusätze entstehen können, macht ihn zu einem beliebten Getränk.

WIE SIEHT KOMBUCHA AUS?

Ein Scoby ist eine gallertartige, bräunliche Masse, die sich im Glas meist an der Oberfläche befindet, um an möglichst viel Sauerstoff zu kommen. Diese Ansammlung bildet ein Gitter aus verschiedenen Mikroben, die den Fermentationsprozess beeinflussen – ähnlich einer Essigmutter.

WOHER KOMMEN DIESE KULTUREN?

Die Geschichte des Kombuchas reicht weit zurück und beginnt vor Christi Geburt. Ursprünglich stammt dieser fermentierte Tee aus Nordostchina, wo er bereits etwa 2000 vor Christus in alten chinesischen Sagen erwähnt wurde. In der Qin-Dynastie wurde Kombucha von keinem Geringeren als dem Kaiser selbst genossen, der sich daraus heilsame Getränke zubereiten ließ. Ein koreanischer Mediziner namens Kombu soll einen speziell fermentierten Tee gebraut haben, um die Leiden des Kaisers zu lindern. Das Getränk erhielt daraufhin den Namen »Kombu-cha«, wobei »Cha« das japanische Wort für Tee ist.

Die Vermutung liegt nahe, dass der Kombucha seinen Weg von Asien über Russland nach Europa gefunden hat. Das gesunde Getränk hat also eine lange Reise hinter sich.

WAS BEWIRKT KOMBUCHA?

Die enthaltenen Mikroben erfüllen verschiedene Aufgaben in unserem Körper und besiedeln in billionenfacher Ausführung unseren Darm. Dieser wird oft als unser »zweites Gehirn« bezeichnet, da er durch Umwelt, Stress, Krankheiten, Medikamente und vieles mehr beeinflusst wird. Wenn es dem Darm gut geht, geht es auch dem Menschen gut. Er bildet die Grundlage für unsere Gesundheit und unser Wohlbefinden. Durch eine ausgewogene und gesunde Ernährung stärken wir unser Immunsystem und schützen uns vor Krankheiten. Wer Kombucha trinkt, führt die Mikroben direkt dem Darm zu. Sie sind magensaftresistent und werden so ein Teil unseres eigenen Mikrobioms – unserer »Darmflora«.

INHALTSSTOFFE VON KOMBUCHA

- Essigsäure/Essigsäurebakterien
- Milchsäure/Milchsäurebakterien
- Andere organische Säuren (Glucuronsäure, Gluconsäure)
- Hefen
- Zucker
- Spurenelemente und Mineralien
- Vitamine
- Ethanol
- Verschiedene Enzyme
- Kohlensäure

Die genauen Inhaltsstoffe können dabei in ihrer Menge und Zusammensetzung variieren, da Kombucha ein Naturprodukt ist und viele verschiedene Faktoren bei der Zusammensetzung eine Rolle spielen wie Teesorte, Zucker oder Temperatur.

WARUM IST KOMBUCHA SO GESUND?

Kombucha bietet neben seinem wunderbaren Geschmack eine Vielzahl von Vorteilen für die Gesundheit. Ihm werden unter anderem vitalisierende und probiotische Eigenschaften zugeschrieben. Er steigert nicht nur das Wohlbefinden, sondern soll auch zur Reinigung des Körpers beitragen. Positive Auswirkungen auf unsere Gesundheit sind etwa:

- Stärkung des Darms durch Probiotika
- Minimierung von freien Radikalen durch Antioxidantien
- Förderung der Verdauung
- Regulation des Aufbaus der Darmflora
- Unterstützung bei der Entgiftung
- Regulation des Stoffwechsels
- Antibakterielle Wirkung
- Stärkung des Immunsystems durch wichtige Vitamine

Beim Brauen von Kombucha kommen zudem noch die Wirkstoffe des jeweiligen Tees, der Früchte, des Gemüses oder der Kräuter hinzu.

WAS PASSIERT BEIM FERMENTIEREN?

Beim Fermentieren verstoffwechselt die Hefe den Zucker zu Kohlensäure und Alkohol. Die Bakterien wiederum nutzen den Alkohol, den Stickstoff und die

Gerbstoffe im Tee und produzieren organische Säuren wie Glucuronsäure, Milchsäure und Essigsäure sowie Enzyme, Vitamine, Mineralstoffe und Spurenelemente. Diese Stoffe, vor allem aber die B-Vitamine, sind für unseren Körper äußerst wichtig und werden mit der »herkömmlichen« Ernährung nur in geringen Mengen aufgenommen.

Diese Art der Fermentation erfolgt aerob, also unter

Sauerstoffzufuhr. Die Menge an Alkohol variiert und hängt von der Zuckermenge, der Kombucha-Kultur, der Gärtemperatur, der Sauerstoffzufuhr und der Dauer der Gärung ab. In der Regel beträgt der Alkoholgehalt zwischen 0,2 und 1 % Alkohol.

KOMBUCHA VON A BIS Z

ALKOHOLGEHALT

Die Menge an Alkohol variiert und hängt von vielen Parametern wie Zuckermenge, Kombucha-Kultur, Gärtemperatur, Sauerstoffzufuhr, Dauer der Gärung und weiteren Umwelteinflüssen ab. In der Regel bewegt sich der Alkoholgehalt zwischen 0,2 und 1 % Alkohol, ähnlich wie bei überreifem Obst. Durch besondere Umstände kann der Alkoholgehalt aber auf 1,5 % Alkohol ansteigen.

Der genaue Alkoholgehalt kann allerdings nur mittels Destillation, Spektrometrie oder Chromatografie ermittelt werden. Dieser erhebliche Aufwand würde die Bestimmung für Laien einfach zu schwierig machen, weshalb wir uns auf unseren Geschmacks- und Geruchssinn verlassen müssen.

ANSATZFLÜSSIGKEIT

Die Ansatzflüssigkeit ist die Flüssigkeit, in der der Scoby geliefert und angesetzt wird. Diese Flüssigkeit hat einen vergleichsweise sauren pH-Wert von etwa 4–5. Sie ist ein fertiger Kombucha, reich an Mikroben und Enzymen. Bei jedem Brauvorgang muss diese Flüssigkeit dem süßen Tee hinzugefügt werden, um das Säuremilieu auszugleichen. Andernfalls wird der Kombucha anfällig für Keime und unerwünschte Bakterien.

KOMBUCHA-ESSIG

Kombucha-Essig ist zu lange offen gestandener Kombucha, der sowohl mit als auch ohne Pilz entstehen kann. Meist wird aus Kombucha nach etwa 2–4 Wochen Kombucha-Essig. Den pH-Wert kann man mit Teststreifen ermitteln, er sollte bei ca. 4–5 liegen. Normaler Apfelessig hat beispielsweise einen pH-Wert von 3–4. Im Unterschied zu herkömmlichem Essig darf man das Gefäß nicht verschließen. Macht man die Flasche dennoch zu, muss sie in regelmäßigen Abständen geöffnet werden, um das entstehende Kohlendioxid entweichen zu lassen. Der Geschmack variiert je nach Teesorte und ist sehr lecker. Ich verwende ihn seit Jahren als Essig- und Zitronenersatz.

MIKROORGANISMEN

Mikroorganismen sind mikroskopisch kleine Lebewesen, die seit Jahrmillionen auf unserer Erde existieren. Sie sind überall zu finden, ob im Wasser, auf der Erde oder in der Luft. Hierzu zählen Bakterien, Pilze und auch mikroskopisch kleine Algen. Mikroorganismen haben eine hohe Reproduktionsrate, vermehren sich also schnell, passen sich an verschiedene Umweltfaktoren an und können ihre Nährstoffquellen umstellen.

SCOBY

Der Begriff »Scoby« steht für »Symbiotic Culture of Bacteria and Yeast« und beschreibt eine Lebensgemeinschaft von Bakterien und Hefen, die für die Fermentation des

Kombucha verantwortlich ist. Der Scoby ernährt sich von den verschiedenen Gerbstoffen des Tees, dem Zucker und dem Stickstoff. Wichtig zu wissen ist, dass die Mikroben, also die Mikroorganismen aus dem Scoby, in die Flüssigkeit übergehen und wir sie beim Konsum von Kombucha bis in unsere Darmflora bringen. Die Mikroben bilden durch die Fermentation Zellulose aus, was bedeutet, dass der Scoby in der Regel dicker und fleischiger wird. Es kann jedoch auch sein, dass er einen ganz neuen Pilz ausbildet, ein sogenanntes »Scoby-Baby«.

SCOBY-HOTEL

Ein »Scoby-Hotel« ist eine Möglichkeit zum Aufbewahren von überzähligen Kombucha-Pilzen. Diese werden Schicht für Schicht in ein großes Glas gestapelt. Die Aufbewahrungsflüssigkeit besteht zu 50 % aus der Ansatzflüssigkeit und 50 % gesüßtem Schwarztee. In diesem Zustand können die Scobys einige Monate verweilen. Möchte man einen Pilz wieder aktivieren, sollte der unterste als Erstes verwendet werden – sozusagen ein Rotationssystem.

Wichtig ist, dass die Scobys immer genug Flüssigkeit haben, was man regelmäßig kontrollieren sollte. Das Glas wird wie bei der Erstfermentation mit einem luftdurchlässigen Tuch abgedeckt. Man kann das Scoby-Hotel in

den Kühlschrank stellen oder bei Zimmertemperatur lagern. Im Kühlschrank arbeiten die Mikroorganismen langsamer und deshalb dauert es nach der Reaktivierung ca. 2 Wochen, bis der Scoby wieder voll aktiv ist. Steht das Hotel nicht im Kühlschrank, kann der Scoby jederzeit eingesetzt werden.

Wie in einem richtigen Hotel sollte auch ab und zu geputzt werden. Dazu die Pilze aus dem Glas nehmen und unter lauwarmem Wasser abwaschen. Das Glas gründlich säubern und dann wieder neu ansetzen.

TEESORTEN

Traditionell wird Kombucha aus Schwarz- und Grüntee gebraut. Schwarztee eignet sich aufgrund seiner enzymatischen Oxidation besonders gut dafür. Es empfiehlt sich, hochwertigen losen Tee aus guter Herkunft, vorzugsweise in Bio-Qualität, zu verwenden. Die Mikroorganismen benötigen die Inhaltsstoffe von grünem oder schwarzem Tee, insbesondere der Pflanzen *Camellia assamica* und *Camellia sinensis*, um zu wachsen und bei jedem Brauvorgang eine weitere Zelluloseschicht an der Oberfläche zu bilden. Meine Favoriten bei den Teesorten sind Schwarz-, Grün-, Jasmin-, Zitronenverbene- und Hibiskustee.

WEITERE ANSATZMÖGLICHKEITEN

Prinzipiell kann man den Pilz und die Ansatzflüssigkeit mit jeder beliebigen gesüßten Flüssigkeit ansetzen. Gemüse- und Fruchtsäfte sowie tropische Teesorten erzeugen besondere Aromen. Allerdings sollte man bedenken, dass diese Pilze anschließend nicht mehr so flexibel im Geschmack sind. Wird Kombucha zum Beispiel mit Kaffee direkt mit der Ansatzflüssigkeit, Scoby und Zucker angesetzt, führt das dazu, dass jede weitere Fermentation leicht nach Kaffee schmeckt.

Der Scoby sollte außerdem nach jedem zweiten bis dritten Brauvorgang wieder mit Schwarz- oder Grüntee gefüttert werden, um ihn mit wichtigen Nährstoffen zu versorgen, sonst wird er löchrig.

WIE KOMME ICH AN EINEN KOMBUCHA-PILZ?

Es gibt nur wenige Möglichkeiten, um an eine erste Starterkultur zu gelangen. Am einfachsten ist es, sich im Freundes- und Bekanntenkreis umzuhören. Meist gibt es jemanden, der seine Scobys gerne teilt. Nur mit einer Starterkultur kann man Kombucha brauen, es ist eine sogenannte »wilde, aber kontrollierte Fermentation«. Das bedeutet, dass der gesüßte Tee mit einem Kombucha-Pilz geimpft wird. Um diesen Vorgang zu verstärken, gibt man die sogenannte »Ansatzflüssigkeit« hinzu. Diese Ansatzflüssigkeit, auch Starterflüssigkeit genannt, steckt voller Mikroben und Enzyme, die den Vorgang des Kombucha-Brauens erleichtern und den pH-Wert senken.

Auch mit unpasteurisiertem, rohem Kombucha kann man Scobys züchten. Dazu einfach etwa 250 ml der Flüssigkeit auf zwei Gläser mit je 300 ml Fassungsvermögen verteilen, in jedes Glas etwa 50 ml starken gesüßten Schwarztee (ca. 1 TL Tee und 1 TL Zucker auf 50 ml Wasser) geben und 4 Wochen warten. Die Gläser nicht bewegen und mit einem luftdurchlässigen Tuch abdecken. Danach sollte sich ein neues Scoby-Baby an der Oberfläche gebildet haben. Damit kann dann weiter wie im Grundrezept (siehe S. 26) vorgegangen werden.

WIE VIELE SCOBYS DÜRFEN IN EIN GLAS?

Wenn der Scoby eine stabile Dicke von ca. 1 cm und einen Durchmesser von 8 cm erreicht hat, kann man die älteren Scobys langsam entfernen. In der Regel ist das alle paar Wochen der Fall. Es sollten normalerweise nicht mehr als ein bis zwei Scobys in einem Glas schwimmen. Das richtige Verhältnis zwischen Flüssigkeit und Scoby ist nämlich wichtig, um eine gute Fermentation zu gewährleisten. Die zusätzlichen Scobys können entweder in einen neuen Ansatz gegeben oder in einem Scoby-Hotel (siehe S. 16) aufbewahrt werden. Meist kann man die Schichten einfach horizontal mit den Fingern auseinanderziehen. Wenn sich der Scoby nicht teilen lässt, kann man vorsichtig mit einem Messer nachhelfen.

ZUCKERARTEN

Die im Kombucha enthaltenen Hefen verstoffwechseln am liebsten Glucose, also Einfachzucker. Rübenzucker (Saccharose) muss erst durch Enzyme in Glucose und Fructose gespalten werden. Diese Enzyme sind in der Ansatzflüssigkeit enthalten. Am besten eignet sich Bio-Rübenzucker oder Rohrzucker für die Fermentation. Auch mit Agavensirup, Kokosblütenzucker, Ahornsirup, Reismalzsirup oder etwa Honig kann fermentiert werden, das bedarf aber einiger Erfahrung, da Geschmack und Fermentationsdauer sehr variieren. Xylit oder Stevia sind nicht geeignet, da sie keine Zucker sind und somit für den Scoby keine Nahrung bieten.

Kräutermadame

KOMBUCHA ANSETZEN

WAS BRAUCHE ICH ZUM FERMENTIEREN, WIE FUNKTIONIERT DAS UND WORAUF MUSS ICH ACHTEN?

WAS MAN FÜRS BRAUEN BENÖTIGT

- Ein großes Glas mit einem Fassungsvermögen von ca. 2–5 Litern und einer breiten Öffnung, damit der Scoby gut atmen kann und genug Sauerstoff bekommt. Bitte nur Gefäße aus Glas verwenden, da die organischen Säuren Plastikbehälter zersetzen können!
- Ein Tuch; am besten eignet sich eine Stoffwindel oder ein Mulltuch, es geht aber auch ein Stück Küchenrolle.
- Gummiringe zum Fixieren des Tuches (denn auch Fruchtfliegen lieben Kombucha)
- Plastiksieb (zum Abseihen des Kombuchas und Abfiltern der Trübstoffe)
- Trichter (zum Einfüllen in die Flaschen)
- Bügelflasche (für die Zweitfermentation oder um den fertigen Kombucha der ersten Fermentation aufzubewahren). Für alle Rezepte in diesem Buch wird eine Flasche mit einem Fassungsvermögen von 1 Liter benötigt.
- Waage
- Messbecher
- Plastik- oder Holzlöffel
- Strohhalm
- Reibe
- Evtl. einen Pürierstab

DIE ERSTFERMENTATION

Für die Erstfermentation braut man zunächst einen Tee, am besten Schwarz- oder Grüntee, und süßt ihn mit Zucker. Danach gibt man den Scoby und einen Teil der Ansatzflüssigkeit hinzu. Die Ansatzflüssigkeit ist der saure/reife Kombucha vom ersten Ansatz. Sie wird bei der Bestellung mitgeliefert und ist wichtig, damit der pH-Wert nicht zu hoch ansteigt. Bei der Auswahl des Tees kann man variieren, es sollte jedoch darauf geachtet werden, dass keine zu öligen Sorten, also keine Pflanzen mit vielen ätherischen Ölen, dabei sind. Diese schaden dem Pilz und er könnte sich zersetzen und löchrig werden.

GRUNDREZEPT ERSTFERMENTATION

ZUTATEN

1,3 l Wasser
12 g Schwarztee oder Grüntee
100 g Zucker (je nach Geschmack kann man zwischen 80 und 100 g variieren)
1 Kombucha-Pilz/Scoby
200 ml Ansatzflüssigkeit

ZUBEREITUNG

300 ml des Wassers aufkochen, Schwarztee oder Grüntee ca. 5 Minuten abgedeckt darin ziehen lassen. Die Ziehzeit richtet sich nach der Sorte des Tees. Abseihen und den Zucker einrühren, dann mit dem restlichen kalten Wasser aufgießen. Die gesamte Flüssigkeit in eine große Glasflasche gießen und den Pilz und die Ansatzflüssigkeit dazugeben. Achtung: die Flüssigkeit darf nicht mehr heiß sein, da der Kombucha-Pilz ein lebender Organismus ist und abgetötet werden könnte, wie man das auch von Hefe kennt. Mit einem luftdurchlässigen Stofftuch abdecken und nicht bewegen. 4–7 Tage bei Raumtemperatur fermentieren lassen. Perfekt wären 21–24 °C ohne direktes Sonnenlicht. Dann sollte sich oben im Glas ein Scoby-Baby (ein neuer Pilz) bilden.

TIPP: Da der Kombucha-Pilz durch Metall angegriffen wird, empfehle ich, mit einem Plastiksieb und Holzkochlöffeln zu arbeiten.

Anschließend mit einem Strohhalm probieren, ob der Kombucha fertig ist. Jetzt kann er auch schon sofort genossen werden. Den Pilz gibt man in ein frisches Glas und fängt damit von vorne an. Die Flüssigkeit seiht man ab und gießt sie zum Aufbewahren in Bügelflaschen oder genießt das Gärgetränk sofort.

Nicht vergessen: Etwa 200 ml von der Ansatzflüssigkeit auffangen, um neu starten zu können!

WICHTIG: Beim nächsten Ansatz darf die Ansatzflüssigkeit (fertiger, reifer Kombucha) nicht zu basisch sein, das heißt, der pH-Wert sollte nicht über 5 liegen. Das kann man mit pH-Streifen messen, die in Apotheken erhältlich sind. Der Kombucha-Pilz muss vor jedem neuen Ansetzen kurz mit lauwarmem Wasser abgewaschen werden.

Kombucha aus der Erstfermentation ist in der Regel bis zu einer Woche im Kühlschrank haltbar. Möchte man weniger Kohlensäure im Getränk haben, sollte die Flasche nicht ganz verschlossen werden.

DIE ZWEITFERMENTATION

Warum macht man eigentlich eine Zweitfermentation? Durch die Zugabe von verschiedenen Geschmäckern können wunderbare Aromen kreiert werden. Ich liebe die Zweitfermentation, weil ich diese mit Wildkräutern, Früchten, Wildpflanzen und Blüten kombinieren kann. So entsteht ein toller probiotischer Drink aus allem, was die Saison gerade bietet, etwa eine Kombination mit Erdbeeren und Waldmeister oder Apfel und Giersch. Für jeden Geschmack ist etwas dabei.

Die Zweitfermentation passiert ohne Sauerstoff, dafür mit verschiedenen Kräutern und Früchten. Man nimmt dazu am besten eine runde Glasflasche mit Bügelverschluss, füllt den fertigen Kombucha aus der Erstfermentation (ohne Pilz) in die Flasche, fügt Früchte, Gewürze und Kräuter hinzu und verschließt die Flasche. Klingt einfach – ist es auch!

Bei diesem Verfahren wird anaerob, also ohne Sauerstoff. gearbeitet. Es entsteht viel Kohlensäure, da die Süße der Früchte bzw. des Gemüses in Kohlendioxid umgewandelt wird. Auch die Kräuter und Blüten geben ihren Geschmack sowie Wirkstoffe weiter. In der Regel werden etwa 2 EL klein geschnittene Früchte, Gemüse, Kräuter oder Gewürze für eine 500-ml-Flasche verwendet.

BEISPIEL EINER ZWEITFERMENTATION

ZUTATEN

½ Birne in Bio-Qualität
2 Zweige Zitronenverbene
800 ml Kombucha aus der Erstfermentation
Bügelflasche mit 1 l Fassungsvermögen

ZUBEREITUNG

Die Birne entkernen und in Stifte oder Würfel schneiden. Wer mag, kann sie auch pürieren. Die Blätter der Zitronenverbene von den Zweigen zupfen und mörsern oder klein schneiden. Die Zutaten werden in die Flasche gegeben und diese wird bis 3 cm unter den Rand mit dem Kombucha aufgefüllt. Die Flasche fest verschließen und 2–3 Tage bei Raumtemperatur fermentieren lassen.

TIPPS

Die Früchte können entweder püriert oder in kleinen Stücken in die Bügelflasche gegeben werden. Die Flasche sollte gut verschlossen, aber täglich belüftet werden, damit sich nicht zu viel Druck aufbaut. Möchte man die Fermentation stoppen oder reduzieren, stellt man die Flasche in den Kühlschrank. Achtung, trotzdem vorsichtig öffnen!

Bitte immer Bio-Obst und -Gemüse verwenden, da Spritzmittel und Schadstoffe die Fermentation beeinträchtigen können.

SICHERHEITSHINWEISE

- Flaschen nie bis ganz oben anfüllen, immer ca. 3 cm frei lassen.
- Die Flaschen müssen regelmäßig belüftet werden.
- Es entsteht viel Druck in den Flaschen, daher immer vorsichtig öffnen.
- Je wärmer es ist (etwa im Sommer), desto mehr Kohlensäure entsteht und desto schneller verläuft die Fermentation.
- Bei sehr viel Kohlensäure kann man das Gärgetränk vor dem Öffnen in den Kühlschrank stellen.
- Auch wenn Explosionen selten vorkommen, besteht ein Restrisiko.
- Am besten über einem Waschbecken oder im Freien öffnen.
- *ACHTUNG: Bügel und Verschlüsse können auch abspringen!*

Vorsicht, sprudelig! Alexandra Klein ist beim Öffnen der Flasche immer auf eine Überraschung gefasst.

TIPPS & TRICKS

WAS MAN BEACHTEN SOLLTE, UM LANGE FREUDE AM KOMBUCHA-PILZ ZU HABEN.

21 TIPPS FÜR EIN GUTES ZUSAMMENLEBEN

Kombucha bereichert mein Leben schon seit ein paar Jahren. Ich liebe es, Kombuchas zu brauen und zu füttern. Ein wenig sind sie wie Haustiere: Anspruchsvoll, und man muss sie gut behandeln, um Erfolge zu erzielen. Hier meine besten Tipps und Tricks für ein langes Kombucha-Leben.

TIPP 1: WINTERSCHLAF/URLAUB

Um Kombucha beispielsweise für den Urlaub in eine Art Winterschlaf zu versetzen, empfiehlt es sich, ihn im Kühlschrank aufzubewahren. Davor füttert man ihn zu 50 % mit gezuckertem Tee und zu 50 % mit Ansatzflüssigkeit. Das Milieu soll nicht zu neutral werden. Man kann den Kombucha entweder mit einem Deckel oder Tuch bedeckt im Kühlschrank lagern. Beim Reaktivieren nach dem Winterschlaf muss man beachten, wie lange er geruht hat. Die Fermentation dauert danach in der Regel 1–2 Tage länger, wenn der Kombucha eine Weile im Kühlschrank war. Meiner Erfahrung nach lässt ein luftdichtes Versiegeln den Kombucha nach dem Winterschlaf anfälliger für Schimmelbildung oder Kahmhefe werden, daher empfehle ich die Lagerung mit einem Tuch.

Beim Reaktivieren empfiehlt es sich, den Kombucha 2–3 Tage bei Zimmertemperatur akklimatisieren zu lassen, bevor man einen neuen Ansatz braut. Das ermöglicht dem lebenden Organismus, sich wieder zu aktivieren und die Fermentation neu zu starten.

TIPP 2: PAUSE

Möchte man beim Kombucha mal ein paar Wochen aussetzen, ist das kein Problem. Man kann ihn auch in einem neuen Ansatz bei Raumtemperatur problemlos für 2 Wochen stehen lassen. Der Ansatz nimmt mit der Zeit an Säure zu, den Kombucha stört das aber nicht, solange er genug Flüssigkeit hat. Die einzige Gefahr ist, dass er austrocknen könnte. Bei Bedarf also immer wieder mit der Flüssigkeit im Glas benetzen.

TIPP 3: KEIN METALL

Kombucha mag kein Metall, also bei der Zubereitung unbedingt mit Kunststoffutensilien arbeiten. Auch beim Probieren besser Glas- oder Plastikstrohhalme verwenden.

TIPP 4: GLAS ZUR AUFBEWAHRUNG

Für die Fermentation und Lagerung sollten, so gut es geht, Glasbehältnisse ausgewählt werden. Probiotische Getränke erzeugen Säuren, die aus Plastikflaschen die Weichmacher herauslösen, die dann in das Getränk übergehen. Auch Tonerzeugnisse verschiedenster Art sollten vermieden werden, da bei manchen eine Glasur vorhanden ist, die der Säure nicht standhält.

TIPP 5: KEINE SONNE

Fermente sollten nicht in direkter Sonne stehen, eine Temperatur zwischen 21 und 24 °C wäre optimal.

TIPP 6: ABSTAND ZU PFLANZEN

Obwohl ich Pflanzen liebe, mögen die Scobys sie nicht so gerne. Die Gläser also nicht direkt neben eine Pflanze stellen. Pflanzen und vor allem Erde haben ihre eigenen Mikroorganismen und würden die Fermentation beeinträchtigen.

TIPP 7: KEINE CHEMIE

Kombucha reagiert auf seine Umwelt. Neue Wandfarbe sowie Chemikalien sind nicht nur für den Menschen schädlich, gerade Fermente reagieren darauf extrem. Der pH-Wert ist vor allem am Anfang weniger sauer und empfindlicher gegenüber nicht gewollten Mikroben.

TIPP 8: ANSATZFLÜSSIGKEIT

Ohne Ansatzflüssigkeit geht nichts. Die Ansatzflüssigkeit ist für den Kombucha besonders wichtig, da sie den pH-Wert stabilisiert und vor ungewollten Keimen schützt. Ihr Anteil sollte immer 10 % betragen. Bei 1 Liter sind das also 100 ml Ansatzflüssigkeit.

TIPP 9: FERMENTATIONSGRAD

Die Fermentationszeit variiert je nach Geschmack der Fermentista, aber auch je nach Pilz, Umgebung und Zuckergehalt:

- 3–7 Tage süßsauer
- 7–14 Tage sehr sauer
- Alles darüber wird zu Essig

Wird der Kombucha zu schnell sauer, können die horizontalen Schichten mit der Hand vorsichtig geteilt werden. Auch Keramikmesser eignen sich dafür.

TIPP 10: KOMBUCHA BRAUCHT NAHRUNG

Bei der Kombucha-Erstfermentation kann auch mit Hibiskustee oder Lindenblütentee fermentiert werden. Wichtig ist dabei, immer wieder (möglichst bei jedem dritten Ansatz) mit Schwarztee zu fermentieren, denn der liefert am meisten Nährstoffe für den Scoby.

TIPP 11: SAUBER, ABER NICHT CLEAN

Die Fermente bzw. der Scoby mögen keine Spülmittel, Spritzmittel etc. Alle Gläser und das gesamte Zubehör sollten daher vor der Verwendung mit heißem Wasser abgespült werden.

TIPP 12: KEINE GESPRITZTEN LEBENSMITTEL

Da der Scoby sehr empfindlich ist, empfehle ich für die Zweitfermentation nur Bio-Obst und -Gemüse. Denn bei behandelten Produkten können die Spritzmittel den Fermentationsprozess verlangsamen oder sogar stoppen.

TIPP 13: INTENSITÄT DER KRÄUTER

Falls Kräuter wie Waldmeister oder Rosmarin im Geschmack zu intensiv werden sollten, können sie auch mit einem Faden kopfüber in der Flasche platziert werden. Wenn das gewünschte Aroma erreicht ist, lassen sich die Kräuter so leichter entfernen.

TIPP 14: ALKOHOLGEHALT REDUZIEREN

Möchte man weniger Alkohol im Kombucha haben, empfiehlt es sich, weniger Zucker zu verwenden und die Fermentationsdauer zu verlängern. Aufgrund der

komplexen Vorgänge beim Fermentieren gibt es leider keinen Schnelltest zur exakten Bestimmung des Alkoholgehalts.

TIPP 15: DIABETIKER

Zuckerkranke oder Diabetiker haben ebenfalls die Möglichkeit, den Zucker im Kombucha zu reduzieren.

In diesem Fall muss ich von einer Zweitfermentation abraten und würde bei der Erstfermentation bleiben. Der Kombucha sollte mindestens 2 Wochen fermentieren und der Zuckergehalt kann dann anhand eines Refraktometers abgelesen werden.

TIPP 16: SCHIMMEL

Bei Schimmelbefall müssen leider sowohl der Scoby als auch die Ansatzflüssigkeit und die gebraute Flüssigkeit entsorgt werden. Es gibt keine Möglichkeit, den Schimmel einfach abzuwaschen. Die Sporen sind im Scoby und in der Flüssigkeit enthalten. Deshalb ist es zu empfehlen, als Back-up ein Scoby-Hotel im Kühlschrank anzulegen (siehe S. 16).

TIPP 17: ZERO WASTE

Die Früchte und das Gemüse der Zweitfermentation können nach dem Abseihen auch in einen Smoothie gegeben werden.

TIPP 18: DER PILZ IST ESSBAR

Der Scoby ist vegan und wird gerne als Fisch- und Fleischersatz in der vegetarischen Küche verwendet.

TIPP 19: SCHWANGERSCHAFT

In der Schwangerschaft rate ich von Kombucha ab, da man den Alkoholgehalt zu Hause nicht sicher messen kann. Kombucha enthält in der Regel zwischen 0,5 und 1,5 % Alkohol.

TIPP 20: VORSICHT BEI HISTAMININTOLERANZ!

Solltet ihr eine Histaminunverträglichkeit haben oder gar allergisch darauf reagieren, würde ich von Kombucha abraten.

TIPP 21: TÄGLICHE DOSIS

Ich rate dazu, am Anfang pro Tag nicht mehr als 0,3 bis 0,5 Liter zu trinken. Danach kann man den Konsum auch steigern.

GETRÄNKE

13 FRUCHTIGE REZEPTE FÜR AROMATISCHEN KOMBUCHA. AM BESTEN EISKALT TRINKEN!

ZWEITFERMENTATION

ROTE RÜBE, TONKABOHNE & DATTEL

ZUTATEN ERSTFERMENTATION

1,3 l Wasser
12 g Schwarztee oder Grüntee
90 g brauner Zucker
1 Kombucha-Pilz/Scoby
200 ml Ansatzflüssigkeit

ZUTATEN ZWEITFERMENTATION

¼ gekochte rote Rübe
3 Datteln
½ Tonkabohne
2 Nelken
1 TL Honig
800 ml Kombucha aus der Erstfermentation

ZUBEREITUNG

Für die Zubereitung der Erstfermentation siehe S. 26.

Rote Rübe schälen und in kleine Stücke schneiden. Die Datteln klein schneiden, Tonkabohne und Nelken im Mörser anstoßen. Alle Zutaten mit dem Honig in eine Bügelflasche geben und mit dem Kombucha auffüllen. Mindestens 3 cm bis zum Flaschenhals frei lassen, da viel Druck in der Flasche entstehen kann. Die Flasche gut verschließen.

Die Zweitfermentation benötigt je nach Geschmack etwa 2–3 Tage, wobei die Flasche täglich belüftet werden muss. Danach sollte man den Kombucha entweder gleich genießen oder für kurze Zeit im Kühlschrank aufbewahren.

ZWEITFERMENTATION

MANGO, KAFFIRLIMETTE & JASMINTEE

ZUTATEN ERSTFERMENTATION

1,3 l Wasser
12 g Jasmintee
100 g brauner Zucker
1 Kombucha-Pilz/Scoby
200 ml Ansatzflüssigkeit

ZUTATEN ZWEITFERMENTATION

¼ Mango
800 ml Kombucha aus der Erstfermentation
4 g Bio-Ingwer
1 Stk. Zitronengras
2 Kaffirlimettenblätter (gibt es auch gefroren)

ZUBEREITUNG

Für die Zubereitung der Erstfermentation siehe S. 26.

Die Mango schälen und ohne Kern in kleine Stücke schneiden, sodass diese in eine Bügelflasche (1 l) passen. 800 ml der Erstfermentation abseihen und mithilfe eines Trichters zu den Mangostücken in die Flasche füllen. Mindestens 3 cm bis zum Flaschenhals frei lassen.

Ingwer mit Schale fein hacken oder klein schneiden. Zitronengras halbieren und mit dem Messerrücken zerstoßen, damit es sein Aroma besser entfalten kann. Kaffirlimettenblätter kurz andrücken. Alles zur Flüssigkeit geben und die Flasche verschließen.

Die Zweitfermentation benötigt etwa 2–3 Tage, wobei die Flasche täglich belüftet werden muss. Dann den Inhalt der Flasche durch ein feines Sieb gießen. Danach den Kombucha entweder gleich genießen oder für kurze Zeit im Kühlschrank aufbewahren.

ZWEITFERMENTATION

APFEL, KAROTTE, INGWER & HAGEBUTTE

ZUTATEN ERSTFERMENTATION

1,3 l Wasser
12 g Grüntee
100 g brauner Zucker
1 Kombucha-Pilz/Scoby
200 ml Ansatzflüssigkeit

ZUTATEN ZWEITFERMENTATION

½ Apfel
700 ml Kombucha aus der Erstfermentation
4 g Bio-Ingwer
6 Gundelrebenblätter
6 Hagebutten
60 g Apfel-Karotten-Saft in Bio-Qualität

ZUBEREITUNG

Für die Zubereitung der Erstfermentation siehe S. 26.

Apfel waschen, Kerngehäuse entfernen und in kleine Stücke schneiden, sodass sie in eine Bügelflasche (1 l) passen. Kombucha der Erstfermentation abseihen und zu den Apfelstücken in die Flasche füllen. Ingwer mit Schale fein hacken oder klein schneiden und mit in die Flasche geben. Gundelrebenblätter leicht andrücken, Hagebutten von den Enden befreien und samt Kernen zur Flüssigkeit geben. Apfel-Karotten-Saft ebenfalls in die Flasche geben. Mindestens 3 cm bis zum Flaschenhals frei lassen und die Flasche gut verschließen.

Die Zweitfermentation benötigt etwa 2–3 Tage (Flasche täglich belüften). Danach durch ein feines Sieb gießen, damit die Hagebuttenkerne hängen bleiben. Den Kombucha entweder gleich genießen oder für kurze Zeit im Kühlschrank aufbewahren.

ZWEITFERMENTATION

GURKE & ZITRONENVERBENE

ZUTATEN ERSTFERMENTATION

1,3 l Wasser
12 g getrocknete Zitronenverbene
90 g weißer Zucker
1 Kombucha-Pilz/Scoby
200 ml Ansatzflüssigkeit

ZUTATEN ZWEITFERMENTATION

2 Snackgurken, ungespritzt mit Schale
2 Zweige Zitronenverbene
800 ml Kombucha aus der Erstfermentation
2 Wacholderbeeren

ZUBEREITUNG

Für die Zubereitung der Erstfermentation siehe S. 26.

Snackgurken gut waschen und die Enden entfernen, der Länge nach halbieren oder vierteln und in eine Bügelflasche geben. Zitronenverbene andrücken, Wacholderbeeren im Mörser kurz anstoßen und ebenfalls in die Flasche geben. Mit der Flüssigkeit auffüllen. Mindestens 3 cm bis zum Flaschenhals frei lassen, da viel Druck in der Flasche entstehen kann. Die Flasche gut verschließen.

Die Zweitfermentation benötigt je nach Geschmack etwa 2–3 Tage, wobei die Flasche täglich belüftet werden muss. Nachdem hier alle Zutaten essbar sind, muss der Kombucha nicht abgegossen werden. Wer keine Stücke in seinem Getränk haben will, kann das aber tun. Danach den Kombucha entweder gleich eiskalt mit ein paar Eiswürfeln genießen oder für kurze Zeit im Kühlschrank aufbewahren.

ERDBEER-MINZ-KOMBUCHA-SPRITZ

ZUTATEN ERSTFERMENTATION

1,3 l Wasser
12 g Hibiskustee
90 g weißer Zucker
1 Kombucha-Pilz/Scoby
200 ml Ansatzflüssigkeit

ZUTATEN ZWEITFERMENTATION

3 Erdbeeren
2 Zweige Pfefferminze
800 ml Kombucha
Prosecco, Sekt oder Champagner

ZUBEREITUNG

Für die Zubereitung der Erstfermentation siehe S. 26.

Die Erdbeeren waschen und das Grün entfernen, dann in kleine Stückchen schneiden. Die Pfefferminze fein zupfen und in eine Bügelflasche geben. Mit der Flüssigkeit auffüllen. Mindestens 3 cm bis zum Flaschenhals frei lassen, da viel Druck in der Flasche entstehen kann. Die Flasche gut verschließen.

Die Zweitfermentation benötigt je nach Geschmack etwa 2–3 Tage, wobei die Flasche täglich belüftet werden muss. Danach mit einem Schuss Prosecco, Sekt oder Champagner aufgießen und am besten eiskalt mit Eiswürfeln genießen.

ZWEITFERMENTATION

KIWI, SELLERIE & FENCHELSAMEN

ZUTATEN ERSTFERMENTATION

1,3 l Wasser
12 g Jasmintee
90 g unraffinierter Zucker
1 Kombucha-Pilz/Scoby
200 ml Ansatzflüssigkeit

ZUTATEN ZWEITFERMENTATION

2 Stk. Stangensellerie
2 Kiwis
1 EL Fenchelsamen
2 Stk. Kardamom
700 ml Kombucha aus der Erstfermentation

ZUBEREITUNG

Für die Zubereitung der Erstfermentation siehe S. 26.

Die inneren, helleren Stangen des Selleries verwenden, waschen und in kleine Stücke oder Stifte schneiden, sodass sie in eine Bügelflasche passen. Kiwis schälen und in kleine Streifen schneiden. Fenchelsamen und Kardamom im Mörser etwas anmörsern. Erstfermentation durch ein Sieb gießen und 700 ml davon mithilfe eines Trichters in die Bügelflasche füllen. Mindestens 3 cm bis zum Flaschenhals frei lassen, da viel Druck in der Flasche entstehen kann. Die Flasche gut verschließen.

Die Zweitfermentation benötigt je nach Geschmack etwa 2–3 Tage, wobei die Flasche täglich belüftet werden muss. Danach durch ein Sieb abseihen und den Kombucha entweder gleich genießen oder für kurze Zeit im Kühlschrank aufbewahren.

ZWEITFERMENTATION

BROMBEERE, ROSMARIN & BLUTPFLAUME

ZUTATEN ERSTFERMENTATION

1,3 l Wasser
12 g Schwarztee oder Grüntee
90 g weißer Zucker
1 Kombucha-Pilz/Scoby
200 ml Ansatzflüssigkeit

ZUTATEN ZWEITFERMENTATION

4 Brombeeren (können auch tiefgekühlt sein)
1 Blutpflaume
800 ml Kombucha aus der Erstfermentation
1 Zweig Rosmarin

ZUBEREITUNG

Für die Zubereitung der Erstfermentation siehe S. 26.

Die Brombeeren waschen und klein schneiden, sodass sie in eine Bügelflasche passen. Blutpflaume in kleine Keile schneiden und ebenfalls in die Flasche geben. Die Erstfermentation abseihen und mithilfe eines Trichters in die Flasche füllen. Mindestens 3 cm bis zum Flaschenhals frei lassen, da viel Druck in der Flasche entstehen kann. Zum Schluss den Rosmarinzweig hinzugeben, einmal schütteln und die Flasche gut verschließen.

Die Zweitfermentation benötigt je nach Geschmack etwa 2–3 Tage, wobei die Flasche täglich belüftet werden muss. Danach sollte man den Kombucha entweder gleich genießen oder für kurze Zeit im Kühlschrank aufbewahren.

ZWEITFERMENTATION

LAVENDEL & BIRNE

ZUTATEN ERSTFERMENTATION

1,3 l Wasser
12 g Schwarztee
90 g brauner Zucker
1 Kombucha-Pilz/Scoby
200 ml Ansatzflüssigkeit

ZUTATEN ZWEITFERMENTATION

½ Birne
3 Zweige Lavendel (frisch oder getrocknet)
800 ml aus der Erstfermentation

ZUBEREITUNG

Für die Zubereitung der Erstfermentation siehe S. 26.

Die Birne gut waschen und in feine Stifte schneiden. Birnenstücke und die Lavendelzweige mit den Blüten in eine Bügelflasche geben und mit der Flüssigkeit auffüllen. Mindestens 3 cm bis zum Flaschenhals frei lassen, da viel Druck in der Flasche entstehen kann. Die Flasche gut verschließen.

Die Zweitfermentation benötigt je nach Geschmack etwa 2–3 Tage, wobei die Flasche täglich belüftet werden muss. Danach sollte man den Kombucha entweder gleich genießen oder für kurze Zeit im Kühlschrank aufbewahren.

ZWEITFERMENTATION

WASSERMELONE, ROSE & MINZE

ZUTATEN ERSTFERMENTATION

1,3 l Wasser
12 g weißer Tee
90 g weißer Zucker
1 Kombucha-Pilz/Scoby
200 ml Ansatzflüssigkeit

ZUTATEN ZWEITFERMENTATION

1 unbehandelter Rosenkopf, je nach Größe und Intensität
2 Zweige Pfefferminze (oder wilde Minze)
4 EL Wassermelonenwürfel
800 ml Kombucha aus der Erstfermentation

ZUBEREITUNG

Für die Zubereitung der Erstfermentation siehe S. 26.

Die Blütenblätter der Rose abzupfen. Die Minze fein zupfen und kurz andrücken, damit sich die Aromen besser entfalten können. Für die Wassermelonenwürfel nur das rote Fruchtfleisch verwenden und sehr kleine Würfel schneiden. Alle Zutaten in eine Bügelflasche füllen. Mindestens 3 cm bis zum Flaschenhals frei lassen, da viel Druck in der Flasche entstehen kann. Gut verschließen.

Die Zweitfermentation benötigt je nach Geschmack etwa 2–3 Tage, wobei die Flasche täglich belüftet werden muss. Danach durch ein Sieb abseihen und den Kombucha entweder gleich genießen oder für kurze Zeit im Kühlschrank aufbewahren.

ZWEITFERMENTATION

BLUTORANGE, MELISSE & ROSA PFEFFER

ZUTATEN ERSTFERMENTATION

1,3 l Wasser
12 g weißer Tee (Yabukita White Tea oder Mosambik Monte Metilile)
90 g weißer Zucker
1 Kombucha-Pilz/Scoby
200 ml Ansatzflüssigkeit

ZUTATEN ZWEITFERMENTATION

1 Blutorange
800 ml Kombucha aus der Erstfermentation
6 Stk. rosa Pfeffer
8 Blätter frische Melisse

ZUBEREITUNG

Für die Zubereitung der Erstfermentation siehe S. 26.

Orange schälen und klein schneiden, sodass sie in eine Bügelflasche passt. Die Erstfermentation abseihen und mithilfe eines Trichters zu den Orangenstücken in die Flasche füllen. Mindestens 3 cm bis zum Flaschenhals frei lassen, da viel Druck in der Flasche entstehen kann.

Rosa Pfeffer im Mörser kurz anstoßen, mit der Melisse in die Flasche geben, gut schütteln und die Flasche verschließen.

Die Zweitfermentation benötigt je nach Geschmack etwa 2–3 Tage, wobei die Flasche täglich belüftet werden muss. Danach durch ein Sieb abseihen und den Kombucha entweder gleich genießen oder für kurze Zeit im Kühlschrank aufbewahren.

ZWEITFERMENTATION

PFIRSICH & THYMIAN

ZUTATEN ERSTFERMENTATION

1,3 l Wasser
12 g Grüntee
90 g Zucker
1 Kombucha-Pilz/Scoby
200 ml Ansatzflüssigkeit

ZUTATEN ZWEITFERMENTATION

1–2 reife Pfirsiche
800 ml Kombucha aus der Erstfermentation
3 Zweige Thymian oder wilder Dost

ZUBEREITUNG

Für die Zubereitung der Erstfermentation siehe S. 26.

Die Pfirsiche waschen und in Stücke schneiden, sodass sie in eine Bügelflasche passen. Thymian im Ganzen in die Flasche geben. Die Erstfermentation durch ein Sieb gießen und mithilfe eines Trichters in die Flasche füllen. Mindestens 3 cm bis zum Flaschenhals frei lassen, da viel Druck in der Flasche entstehen kann. Die Flasche gut verschließen.

Die Zweitfermentation benötigt je nach Geschmack etwa 2–3 Tage, wobei die Flasche täglich belüftet werden muss. Die Pfirsichstücke müssen nicht unbedingt abgeseiht werden, Thymianzweige aber entfernen. Danach sollte man den Kombucha entweder gleich genießen oder für kurze Zeit im Kühlschrank aufbewahren.

ZWEITFERMENTATION

ORANGE, KAROTTE, VANILLE & TANNE

ZUTATEN ERSTFERMENTATION

1,3 l Wasser
12 g Schwarztee
90 g Rohrzucker
1 Kombucha-Pilz/Scoby
200 ml Ansatzflüssigkeit

ZUTATEN ZWEITFERMENTATION

5 cl Orangensaft
5 cl Karottensaft
½ Vanilleschote
800 ml Kombucha aus der Erstfermentation
1 kleine Tannenzweigspitze (unbehandelt)
1 Sternanis
1 TL Kardamomkapseln

ZUBEREITUNG

Für die Zubereitung der Erstfermentation siehe S. 26.

Orangen- und Karottensaft in eine Bügelflasche füllen. Die halbe Vanilleschote auskratzen und das Mark sowie die Schote in die Flasche geben. Mit der Flüssigkeit auffüllen und den Tannenzweig kopfüber in die Flasche geben. Mindestens 3 cm bis zum Flaschenhals frei lassen, da viel Druck in der Flasche entstehen kann. Die Flasche gut verschließen.

Die Zweitfermentation benötigt je nach Geschmack etwa 2–3 Tage, wobei die Flasche täglich belüftet werden muss. Den Kombucha durch ein feines Sieb passieren und entweder gleich genießen oder für kurze Zeit im Kühlschrank aufbewahren.

ERSTFERMENTATION

KAFFEE-KOMBUCHA

ZUTATEN ERSTFERMENTATION

1 l starker Kaffee
100 g Zucker
200 ml Ansatzflüssigkeit
1 Kombucha-Pilz/Scoby

ZUBEREITUNG

Kaffee je nach gewünschter Intensität zubereiten. Im noch heißen Kaffee den Zucker auflösen, dann die Flüssigkeit auf mindestens 40 °C abkühlen lassen. Erst danach mit dem Pilz und der Ansatzflüssigkeit in eine Glasflasche füllen.

Mit einem luftdurchlässigen Stofftuch abdecken und 5–7 Tage bei 23 °C fermentieren lassen. Der fertige Kombucha kann in eine Karaffe abgefüllt werden. Am besten eiskalt genießen oder in Eiswürfelformen für einen Eiskaffee abfüllen. Sehr gut schmeckt der Kaffee-Kombucha auch mit einer Kugel Vanilleeis.

WICHTIG: Der Kombucha-Pilz kann nach dieser Fermentation nur mehr für Kaffee-Kombucha eingesetzt werden, da er einen sehr intensiven Kaffeegeschmack annimmt.

GERICHTE

AUCH GERICHTEN VERLEIHT KOMBUCHA FRISCH-SÄUERLICHE GESCHMACKSNUANCEN.

ZWEITE FERMENTATION

ZITRONENVERBENE-GURKEN-KALTSCHALE

ZUTATEN

1–2 Salatgurken
Abrieb von ½ unbehandelten Zitrone
150 g Joghurt
2 EL Olivenöl
Salz, Pfeffer
Piment d'Espelette
1 Schuss Zitronenverbene-Gurken-Kombucha (siehe S. 53)

ZUBEREITUNG

Die Gurke(n) waschen, schälen und von den Enden befreien, grob in Stücke schneiden.

Alle Zutaten inklusive Kombucha in einem Hochleistungsmixer sehr fein mixen.

SERVIEREN

Am besten eiskalt aus kleinen Gläsern genießen. Die Gurkenkaltschale kann man auch sehr gut in einer Flasche aufbewahren. Vor dem Servieren kräftig schütteln.

ERST FERMENTATION

KOMBUCHA-SALBEI-HUMMUS

ZUTATEN

100 g Kichererbsen (getrocknet)
2 Schalotten
2 Knoblauchzehen
100 g Butter
60–80 ml Gemüsebrühe
Salz, Pfeffer
1 EL Miso-Paste
70 g Tahin-Paste
1 Schuss Kombucha-Essig
7–8 Blätter Salbei
1 EL Sesamöl
1 EL Chiliöl
Abrieb von ½ unbehandelten Zitrone

ZUBEREITUNG

Die Kichererbsen über Nacht in viel Wasser einweichen. Am nächsten Tag abgießen und Kichererbsen in Salzwasser sehr weich kochen. Schalotten und Knoblauchzehen schälen und fein schneiden. Butter in einem Topf erhitzen und immer wieder rühren, bis sie leicht braun ist, dann die Schalotten und den Knoblauch zugeben und mit anschwitzen.

Sobald die Kichererbsen weich sind, abseihen und mit 60 ml der Gemüsebrühe fein mixen, bis die gewünschte Konsistenz erreicht ist. Eventuell noch etwas mehr Gemüsebrühe beigeben. Die weichen Schalotten und den Knoblauch dazugeben, mit Salz, Pfeffer, Miso- und Tahin-Paste abschmecken. Kombucha-Essig und Salbeiblätter einrühren, mit Sesam-, Chiliöl und Zitronenzesten abschmecken und nochmals fein mixen. Abkühlen lassen und bei Bedarf etwas nachwürzen.

ERST FERMENTATION

SALATHERZEN

MIT GRÜNEN BOHNEN, PFIRSICH, FETA-ESPUMA & ZITRONENTHYMIAN

ZUTATEN

250 g grüne Bohnen
4 Salatherzen
60 g Olivenöl
3 Pfirsiche
3 Frühlingszwiebeln
4 Zweige Zitronenthymian
150 ml Kombucha-Essig (oder Zweitfermentation)
Salz
100 g blanchierte Mandeln zum Garnieren

ZUTATEN ESPUMA

50 ml Milch
250 g Fetakäse
200 ml Sahne
Saft und Abrieb von 1 unbehandelten Zitrone
Salz, Pfeffer

ZUBEREITUNG

Die grünen Bohnen in Salzwasser bissfest kochen und dann in Eiswasser abschrecken. Salatherzen halbieren, vom Strunk befreien und in etwas Olivenöl scharf anbraten. Die Pfirsiche in kleine Spalten schneiden und ebenfalls anbraten. Frühlingszwiebeln fein hobeln.

Restliches Olivenöl mit Zitronenthymian mixen, mit Kombucha-Essig zu einer Marinade vermischen und mit Salz abschmecken.

Für die Espuma Milch mit Fetakäse fein mixen, dann mit der Sahne vermengen, mit Zitronenabrieb, Salz, Pfeffer und Zitronensaft abschmecken. Die Masse durch ein feines Sieb passieren, dann in einen Sahnesiphon füllen. Für eine große Flasche nur eine Gaspatrone verwenden. Vor dem Anrichten gut schütteln.

Die Bohnen sowie die gebratenen Salatherzen mit der Marinade mischen und in eine flache Schüssel geben. Darauf die Pfirsiche verteilen und mit der Feta-Espuma versehen. Mit den blanchierten Mandeln garnieren.

ERST FERMENTATION

GNOCCHI

MIT LAUCH, ROSMARIN & GEBRATENEN BLUTPFLAUMEN

ZUTATEN

800 g Kartoffeln
2 Eier
50 g Grieß
150 g griffiges Mehl
Salz, Pfeffer
40 g Maizena (Maisstärke)
Olivenöl
6 Stangen Junglauch
2 Zweige Rosmarin
5 Blutpflaumen
Zucker
Kombucha-Essig zum Abschmecken

ZUBEREITUNG

Kartoffeln mit der Schale in einem großen Topf zum Kochen bringen. Sobald sie weich sind, die Kartoffeln aufschneiden und im vorgeheizten Ofen bei 100 °C für 5 Minuten kurz ausdampfen lassen. Kartoffeln aus der Schale kratzen und durch eine Kartoffelpresse drücken. Die restlichen Teigzutaten zu den noch warmen Kartoffeln geben und alles zu einem Teig verkneten.

Fingerdicke Röllchen formen und mit einem Messer in gleich große Stücke schneiden. Auf eine bemehlte Oberfläche geben.

Wasser zum Kochen bringen, salzen und eine Kochprobe mit 2–3 Gnocchi durchführen. Wenn die Gnocchi zerfallen, etwas Mehl zum Teig geben, damit er fester wird. Die restlichen Gnocchi ins kochende Wasser geben und ca. 3–5 Minuten köcheln lassen. Anschließend in einer Pfanne mit etwas Kochwasser, Butter und Olivenöl schwenken.

Den Junglauch in ca. 3 cm breite Stücke schneiden und in Olivenöl anbraten. Rosmarin fein hacken und zum Lauch geben. Blutpflaumen in Keile schneiden und leicht anbraten, mit ein wenig Zucker bestreuen und mit Kombucha-Essig ablöschen. Mit den fertigen Gnocchi servieren.

ERST FERMENTATION

CEVICHE VON DER FORELLE

MIT GRANATAPFEL, SELLERIE & SUSHI-INGWER

ZUTATEN

2 Schalotten
1 Granatapfel
2 Stangen Sellerie
2 Forellenfilets, entgrätet
300 ml Kombucha-Essig
1 Tasse Vogerlsalat
1 EL Kombucha
aus der Erstfermentation
Salz, Pfeffer
Saft von 1 Zitrone
4 EL Olivenöl
1 Chili
3 EL Sushi-Ingwer

ZUBEREITUNG

Schalotten schälen, fein schneiden und in Salzwasser blanchieren. Den Granatapfel halbieren und mit einem Kochlöffel so lange auf die Rückseiten klopfen, bis die Kerne herausfallen. Sellerie in 5 cm lange Stücke schneiden und mit einem Schäler fein hobeln, danach in Eiswasser geben.

Die grätenfreien Forellenfilets in grobe Würfel schneiden. Den Kombucha-Essig zum Pickeln des Fisches verwenden: Die Fischwürfel für 10 Minuten im Kombucha-Essig »garen«, dann den Essig abgießen.

Den Vogerlsalat mit Kombucha, Salz, Pfeffer, Zitronensaft und Olivenöl marinieren. Forellenwürfel, Granatapfelkerne und Selleriestücke vorsichtig vermischen und in die Mitte eines Tellers geben. Chili und Ingwer in feine Streifen schneiden und darüber geben.

ZIEGENFRISCHKÄSE-RAVIOLI

MIT SALSA VERDE, WILDEM BROKKOLI & BROMBEER-KOMBUCHA-SOSSE

ZUTATEN RAVIOLITEIG

150 g Semola
150 g Mehl (Type 00)
2 Eier
2 Eigelb
2 EL Olivenöl
1 Prise Salz
ca. 40–50 ml Wasser
1 Ei zum Bestreichen

ZUTATEN ZIEGENKÄSEFÜLLE

300 g Ziegenfrischkäse
Zitronenzesten
Salz, Pfeffer

ZUTATEN SALSA VERDE

100 g Brunnenkresse
100 g Spinat
100 g Schnittlauch
100 g Basilikum
½ Gurke
1 Avocado
Kombucha-Essig
Salz, Pfeffer

ZUTATEN BROMBEER-KOMBUCHA-SAUCE

200 ml Brombeer-Kombucha (siehe S. 57) oder Kombucha aus der Erstfermentation
100 g Butter
12 Brombeeren

ZUTATEN WILDER BROKKOLI

1 Tasse wilder Brokkoli
Olivenöl, Salz

ZUBEREITUNG TEIG

Alle Zutaten zimmerwarm zu einem Teig verarbeiten, fest kneten, bis er schön samtig weich wird. Danach in Folie einschlagen und mindestens 1 Stunde kühl stellen. Anschließend dünn ausrollen, Ravioli ausstechen, mit verquirltem Ei bestreichen, die Fülle in der Mitte platzieren und in eine beliebige Ravioli-Form bringen.

Die Ravioli ca. 3–4 Minuten in Salzwasser kochen, danach mit Butter und etwas Kochwasser in einer Pfanne schwenken.

ZUBEREITUNG FÜLLE

Den weichen Ziegenfrischkäse mit Zitronenzesten, Salz und Pfeffer würzen.

ZUBEREITUNG SALSA VERDE

Die Brunnenkresse und den Spinat kurz in Salzwasser kochen, dann abschrecken. Schnittlauch, Basilikum, Gurke und Avocado im Hochleistungsmixer gut mixen und den ausgedrückten Spinat sowie die Brunnenkresse dazugeben. Danach mit Kombucha-Essig, Salz und Pfeffer abschmecken.

ZUBEREITUNG WILDER BROKKOLI

Den Wildbrokkoli in gesalzenem Wasser blanchieren, dann kurz in Olivenöl schwenken und salzen.

ZUBEREITUNG BROMBEER-KOMBUCHA-SOSSE

Die Kombucha-Flüssigkeit stark einreduzieren. Dann kleine Butterstücke mit dem Schneebesen in die nicht mehr kochende Soße einrühren und eine Handvoll frische halbierte Brombeeren dazugeben.

ANRICHTEN

Die Salsa Verde außen rundherum auf dem Teller drapieren, die Ravioli in die Mitte setzen, mit dem wilden Brokkoli und der Brombeer-Kombucha-Soße garnieren und lauwarm genießen.

ERSTE FERMENTATION

KOMBUCHA-BROT

ZUTATEN VORTEIG

15 g Sauerteig
300 ml lauwarmes Wasser (höchstens 40 °C)
300 g Roggenmehl

ZUTATEN HAUPTTEIG

200 g Weizenmehl
400 g Roggenmehl
15 g Germ
400 ml Kombucha-Flüssigkeit (höchstens 40 °C)
20 g Salz
20 g Brotgewürze (Kümmel, Fenchelsamen, Koriander, Scharbocksklee)
Vorteig

ZUBEREITUNG VORTEIG

Alle Zutaten gut vermischen und mindestens 14 Stunden bei Raumtemperatur in einer Schüssel zugedeckt gehen lassen.

ZUBEREITUNG HAUPTTEIG

Alle Zutaten in einer Rührschüssel ca. 10 Minuten gut verkneten, die letzten 2 Minuten schneller oder fester kneten. Danach 25 Minuten gehen lassen.

Den Teig aus der Rührschüssel nehmen und eventuell mit Mehl ein wenig stauben. Mit nassen Händen den Teig von allen Seiten immer wieder vorsichtig ziehen

und falten (etwa sechsmal). Danach den Teig bemehlt in ein Gärkörbchen geben, an einem warmen Ort noch einmal 1 Stunde lang gehen lassen. Mit einem Tuch abdecken.

Den Ofen auf 250 °C Heißluft aufheizen. Ein Backblech mit Backpapier bedecken und mit vorheizen. Das Brot auf das heiße Blech stürzen und oben einschneiden, für 2 Minuten sehr heiß backen.

Dann mit ca. 200 ml Wasser beschwaden, die Temperatur auf 200 °C senken und weitere 40 Minuten backen. Die Tür zu Beginn immer wieder öffnen, damit der Dampf entweichen kann. Wenn das Brot fertig gebacken ist, vor dem Anschneiden mindestens 1 Stunde auskühlen lassen.

KOMBUCHA-CHIPS

ZUTATEN

Dünne, junge Scobys (maximal 2–3 mm dick)
150 g Fruchtsaftkonzentrat, zum Beispiel Himbeere oder Johannisbeere

ZUBEREITUNG

Die jungen Scobys in eine Schüssel geben und mit dem Fruchtsaftkonzentrat bedecken. Die Schüssel abdecken und 2 Tage im Kühlschrank aufbewahren.

Danach die Scobys aus der Flüssigkeit nehmen und bei 40 °C im Ofen oder in einem Dörrapparat trocknen lassen. Das kann je nach Dicke bis zu 6 Stunden dauern. Danach biegen. Dabei sollten die Scobys in kleine Chips zerbrechen.

Nun kann man die Chips gleich verzehren oder luftdicht in Gläsern aufbewahren. Besonders lecker schmecken sie als Dekoration auf Sorbet oder Eis.

ZWEITFERMENTATION

WASSERMELONEN-KOMBUCHA-GRANITÉ

ZUTATEN

500 g Wassermelone
4 EL Honig
1 Handvoll unbehandelte Rosenblüten
100 ml Vodka oder Himbeersaft
200 ml Wassermelonen-Kombucha (siehe S. 63) oder Kombucha aus der Erstfermentation
Abrieb von 1½ unbehandelten Zitronen

ZUBEREITUNG

Wassermelonenfleisch aus der Schale lösen (Schale zum Servieren aufheben), ohne Kerne in Stücke schneiden und einfrieren, bis die Stücke durchgefroren sind.

Danach die restlichen Zutaten mit der gefrorenen Melone zusammen im Hochleistungsmixer cremig mixen, nochmals einfrieren. Sobald die Masse durchgefroren ist, noch einmal kurz mixen. Sollte die Konsistenz zu fest sein, kann man noch etwas Kombucha dazugeben.

Das Rezept funktioniert auch ohne Wodka, dann verwendet man stattdessen am besten Himbeersaft.

SERVIEREN

Am besten serviert man das Granité in der ausgekratzten, gekühlten Melonenschale. Alternativ die Gläser kurz vor dem Servieren in den Tiefkühler geben.

ERST FERMENTATION

KOMBUCHA-TIRAMISU

ZUTATEN (für 8–10 Personen)

150 g Puderzucker
6 Eidotter
750 g Mascarpone
4 Blatt Gelatine
4 EL Zirbenlikör oder Amaretto
3 Eiklar
450 g Löffelbiskuits
300–350 ml Kaffee-Kombucha aus der Erstfermentation (siehe S. 69)
Kakaopulver
1 runde Springform, 26 cm Durchmesser

ZUBEREITUNG

Zucker und Eidotter schaumig rühren, bis der Schaum weiß wird, dann Mascarpone unterrühren. Gelatine in kaltem Wasser einweichen, dann im Alkohol auflösen, vorsichtig zur Masse hinzugeben. Eiklar steif schlagen und unter die Masse heben.

Die Springform mit Frischhaltefolie auskleiden. Löffelbiskuits in den Kombucha tunken und abwechselnd mit der Mascarponecreme in die Form schichten. Dazwischen die Lagen immer mit Kakao bestreuen. Das Tiramisu mindestens 4 Stunden kalt stellen, am besten über Nacht durchziehen lassen.

ERST FERMENTATION

CRÈME CARAMEL

MIT HOLUNDERBEEREN & LATSCHENKIEFER

ZUTATEN CRÈME CARAMEL

120 g Zucker
30 g Wasser
2 Eidotter
6 Eier
1 l Milch
1 Vanilleschote

ZUTATEN HOLUNDERBEERENSOSSE

3–4 EL Holunderbeeren
2 EL Zucker
250 ml Kombucha
½ TL frische Kiefernnadeln

ZUBEREITUNG

Zucker und Wasser aufkochen und so lange unter ständigem Rühren einreduzieren, bis ein dunkler Karamell entsteht. In Schälchen abfüllen und kühl stellen.

Eidotter und Eier sowie die Milch kurz mixen. Vanilleschote der Länge nach aufschneiden und auskratzen. Die Eimasse durch ein feines Sieb streichen und das Mark der Vanilleschote unterrühren. Dann in die Schälchen auf die ausgekühlte Karamellmasse gießen. Die Förmchen im Wasserbad bei 95 °C ca. 1 Stunde garen, komplett auskühlen lassen und erst dann auf Teller stürzen.

Holunderbeeren und Zucker mit dem Kombucha aufgießen und 15–20 Minuten köcheln lassen. Frische Kiefernnadeln fein hacken. Je nach gewünschter Intensität die Menge der Nadeln variieren, die man in die Soße gibt. Die Crème Caramel mit der Soße servieren.

KOSMETIK

KOMBUCHA TUT UNS NICHT NUR INNERLICH GUT, ER VERWÖHNT AUCH HAUT UND HAARE.

KOMBUCHA ALS SCHÖNHEITSELIXIER

Bei guter Pflege wächst Kombucha sehr schnell und es entstehen viele neue Kombucha-Scobys. Die Idee liegt also nahe, ihn auch anderwärtig zu verwenden.

Was die Kosmetikindustrie schon längst weiß, wird uns nun auch langsam klar: Kombucha ist ein wahres Schönheitselixier. Viele namhafte Firmen verwenden ihn für Hautcremes, Masken etc., denn nicht nur innerlich, sondern auch äußerlich vollbringt Kombucha wahre Wunder.

Durch die Fermentation entstehen Inhaltsstoffe wie die Vitamine A und C, die Vitamine der B-Gruppe sowie lebende Enzyme und Bakterien. Kombucha kann der Haut helfen, ihren pH-Wert auszubalancieren und Pickel und Unreinheiten reduzieren. Man erhält ein glatteres und feineres Hautbild.

Gerade nach kalten Wintertagen sollten wir unsere Haut besonders pflegen. Eine Kombucha-Gesichtsmaske spendet viel Feuchtigkeit. Das Gesicht fühlt sich nach der Anwendung spürbar weicher und straffer an. Ein kleines Schönheitsritual, das nicht nur die Haut, sondern auch die Seele pflegen soll – eine kurze Auszeit, ein Moment, der nur dir gehört.

GESICHTSMASKE

ZUTATEN

100 g Kombucha-Pilz/Scoby
Evtl. 2 Tropfen ätherisches Lavendel- oder Rosenöl zum Beduften
1 EL Honig
1 g Xanthan zum Binden
15 g Wasser
2 EL Heilerde

WIRKUNG

Die Heilerde wirkt antibakteriell und verbessert die Durchblutung. Der Honig reinigt zusätzlich und wirkt leicht entzündungshemmend.

ZUBEREITUNG

Den Kombucha-Scoby in grobe Stücke schneiden und mit einem Pürierstab oder Mixer sehr fein mixen. Öl, Honig und eventuell Xanthan und Wasser dazugeben und die Heilerde mit einmixen.

ANWENDUNG

Das Gesicht wie üblich reinigen, anschließend die Gesichtsmaske gleichmäßig auf dem feuchten Gesicht verteilen und ein wenig einmassieren. Die Maske ist eher flüssig, daher am besten in der Badewanne genießen.

Die Augenpartie dabei aussparen. Die Masse sollte nicht in die Augen gelangen, da sie diese reizen kann.

HALTBARKEIT

Nach etwa 10–15 Minuten wird die Maske abgewaschen und das Gesicht mit kaltem Wasser gereinigt. Die restliche Masse in den Kühlschrank geben. Sie sollte innerhalb weniger Tage aufgebraucht werden. Am besten ist es, sie sofort zu verwenden. Weil die Kombucha-Maske weiter fermentiert, ist es wichtig, einen richtig sauren Kombucha (Kombucha-Essig) für den Mix zu nehmen. Die gekühlte Gesichtsmaske muss vor der Anwendung wieder gut durchgerührt werden.

ACHTUNG

Die Maske am besten am Abend auftragen, denn jeder reagiert anders auf Gesichtsmasken und es könnte sein, dass bei empfindlicher Haut eine leichte Rötung auftritt. Der Körper reagiert auf den Kombucha und durchblutet das Gesicht stärker. Sollte die Maske unangenehm sein, einfach früher wieder abwaschen.

FUSSMASKE

ZUTATEN

150 g Kombucha-Pilz/Scoby
2 EL Kokosöl (weich)
2 TL Honig
1 g Xanthan zum Binden
4 EL Topfen
3 Tropfen ätherisches (Rosen-)Öl oder 1 TL frische Rosenblüten

WIRKUNG

Kokosöl ist besonders feuchtigkeitsspendend und verleiht eine weiche Haut. Der Topfen hat kühlende Eigenschaften und gibt der Maske den richtigen Frischekick.

ZUBEREITUNG

Den Kombucha-Scoby in grobe Stücke schneiden und mit einem Pürierstab oder Mixer sehr fein mixen. Öl, Honig und eventuell Xanthan und Wasser dazugeben. Mit dem Topfen und dem ätherischen Öl oder den Rosenblättern noch einmal mixen.

ANWENDUNG

Ein Handtuch ausbreiten, die Maske großzügig auf Füße und Beine auftragen und ca. 15–20 Minuten einwirken lassen, danach mit kaltem Wasser abwaschen.

FUSSBAD

ZUTATEN

100 g Kombucha-Pilz/Scoby
1 EL Mandelöl

1 TL Honig

WIRKUNG

Die Kombucha-Emulsion pflegt die Füße und fördert zudem die Durchblutung.

ZUBEREITUNG

Den Kombucha-Scoby klein schneiden und mit den restlichen Zutaten fein mixen.

ANWENDUNG

Die Kombucha-Emulsion wird in ein Fußbad eingerührt. Dafür einfach ca. 5 Liter lauwarmes Wasser in eine Wanne füllen und die Emulsion eingießen. Einmal durchrühren, sodass sich die Emulsion besser verteilt. Die Temperatur sollte ungefähr 33 °C betragen. Die Anwendung 15 Minuten genießen, danach die Füße mit lauwarmem Wasser abspülen und gut abtrocknen.

ROSMARIN-KOMBUCHA-RINSE

Eine Rinse ist eine natürliche Haarspülung, die nach dem Shampoonieren ins Haar gegeben wird. Anders als herkömmliche Conditioner verzichtet diese Rinse jedoch komplett auf synthetische Zusatzstoffe und besteht aus nur drei Zutaten:

- 1 Teil Kombucha-Essig
- 1 Zweig Rosmarin
- 4 Teile Wasser

WIRKUNG

Die Rinse wird gerne in Kombination mit der Anwendung von Haarseifen verwendet. Diese Seifen sind nachhaltig, sehr ergiebig und schonen unsere Umwelt. Besonders wirkungsvoll sind sie bei ungefärbtem »Naturhaar«. Es kann aber passieren, dass sie das Haar matt und filzig machen, weshalb eine Rinse empfehlenswert ist. Ich persönlich kann Naturseifen nur mit einer Rinse anwenden, denn durch diese lässt sich das Haar sehr leicht kämmen. Sie reinigt das Haar aber auch von Kalkrückständen und reguliert den pH-Wert der Seife.

ZUBEREITUNG

Zuerst einen herkömmlichen Kombucha aus Grün- oder Schwarztee herstellen. Dieser wird nach 2–4 Wochen mit Scoby zu Kombucha-Essig. Je länger der Kombucha steht, desto mehr gewinnt er an Säure. Dabei kommt es aber auch auf den Pilz und die Umweltfaktoren an.

ERST FERMENTATION

Nach diesem Zeitraum gebe ich getrocknete, gemörserte Rosmarinnadeln zum abgesiebten Kombucha (ohne Scoby) hinzu und lasse ihn ca. 2 Wochen geöffnet im Kühlschrank stehen.

Der Kombucha-Essig entzieht dem Rosmarin alle Inhaltsstoffe, ähnlich wie bei einem Essigauszug. Danach werden die Nadeln wieder entfernt und die Flüssigkeit kann zusätzlich mit ätherischen Ölen, wie z. B. Lavendel- oder auch ätherischem Rosmarinöl, beduftet werden. Nach dem Filtern die Rinse in kleine Gläser oder Flaschen füllen. Direkt vor der Anwendung mit dem Wasser vermischen.

HALTBARKEIT

Die fertige Kombucha-Rinse hält kühl und dunkel gelagert einige Monate im Kühlschrank. Kombucha ist ein lebendes Ferment, also immer Achtung beim Öffnen!

QUELLENANGABE

Ricarda Schumann & Gerlinde Schuhmann: *Kombucha. Fit und vital durchs Jahr.* Stuttgart 2020.

Alexis Goertz: *Skript. Kombucha Edible Alchemy Academy.* Berlin 2019.

Sylwia Gervais: *Meine vegane Speisekammer.* Münster 2022.

René Redzepi & David Zilber: *Das Noma-Handbuch Fermentation.* 4. Auflage. München 2022.

Marcel Kruse & Geru Pulsinger: *Magic Fermentation.* Innsbruck 2021.

BILDNACHWEIS

Alle Bilder von Georg Kukuvec, außer:
Claudia Rößlhuber: S. 4, 31–35, 46, 104/105, 118
Raphael Gabauer: S. 22/23, 41, 50
Alexandra Klein: S. 68, 74, 76, 92, 94, 98, 108–114

DANKSAGUNG

Mein großer Dank geht natürlich an meine Familie, die in dieser Zeit immer an meiner Seite war. Ich danke euch für eure Geduld und eure Hilfe, aber vor allem dafür, dass ihr immer an mich geglaubt habt.

Der größte Dank geht an mein Chéri, der mich bei diesem Buch auf seine besondere Art und Weise unterstützt hat.

Ein herzlicher Dank geht an meine Mama, Schwester und Cousine und den weiteren Teil meiner Familie. Danke für eure Unterstützung. Ohne euch wäre dieses Buch nicht möglich gewesen.

Ein leises Dankeschön möchte ich auch an meine verstorbenen Großeltern richten, für die das Schreiben ein wesentlicher Bestandteil ihres Lebens war. Sie haben mir diese Leidenschaft nahegebracht und mich stets mit den Worten: »Du schaffst alles!« ermutigt.

Vielen Dank auch an meine größten Geschenke: Aurélie und Valentin. Ihr habt durch eure Ehrlichkeit die Rezepte noch besser gemacht. Danke, dass ihr immer alles probiert!

Herzlichen Dank an Kornelia Spatzier für die Bereitstellung deiner Werkstätte für die Fotoshootings und Kombucha-Kurse. Vielen Dank auch an Anja Strobl für deine kreative Arbeit in Sachen Logo, deine Unterstützung und deine Freundschaft. Ein Dankeschön an all meine Freunde – diejenigen, die meine Kostproben zur Genüge probiert haben, und jene von euch, die mindestens schon zwei Scobys von mir zu Hause haben.

Ich danke dem Verlag für die wunderbare Möglichkeit, dieses Buch umzusetzen, und für die produktive und angenehme Zusammenarbeit.

ÜBER DIE AUTORIN

Die »Kräutermadame« Alexandra Klein ist ausgebildete Köchin und arbeitet seit über 13 Jahren in der Spitzengastronomie. Außerdem ist sie diplomierte Kräuterpädagogin und als Referentin für Wildkräuterkulinarik beim TEH Unken tätig, wo sie Kurse zu Kombucha und anderen Themen gibt. Sie lebt mit ihrer Familie in Salzburg. Informationen und Termine für Kurse und Workshops zu Kombucha, Wasserkefir und Kräuterexkursionen auf **www.kräutermadame.com**

FSC
www.fsc.org
MIX
Papier | Fördert gute Waldnutzung
FSC® C020353

1. Auflage

Gesetzt aus der Adobe Garamond Pro, Clifford Pro, FS Meridian

Medieninhaber, Verleger und Herausgeber:
Red Bull Media House GmbH
Oberst-Lepperdinger-Straße 11–15
5071 Wals bei Salzburg, Österreich

Coverdesign: wir sind artisten & Isabel Neudhart-Haitzinger
Umschlaggestaltung und Satz: Marlene Auer
Logo Kräutermadame: Anja Strobl

Gedruckt in der Slowakei von Neografia
ISBN 978-3-7104-0383-5